오늘 한 문장
오늘 한 걸음

청소년 필사의 힘 Vol.1

오늘 한 문장
오늘 한 걸음

조경이·정윤정 지음

더메이커

성장을 읽고 쓰는 시간으로
여러분을 초대합니다

여러분에게 꼭 주고 싶은 단단한 문장
60가지를 담았어요

안녕, 청소년 여러분.

지금 이 순간, 여러분이 마주한 세상은 무수히 많은 질문과 고민으로 가득할 거예요. 세상을 살아가면서 누구나 한 번쯤은 힘든 순간을 마주하게 돼요. 혼란스럽고, 모르는 길을 걸을 때도 있겠죠.

　그렇게 막막할 때, 작은 빛이 되었으면 하는 마음으로 이 책을 썼어요. 이곳에 담긴 글들이 여러분 곁에서 든든한 버팀목이 되어주면 좋겠습니다.

　이 책에 담긴 명언들은 여러분에게 주는 다정한 속삭임이자, 응원의 말이에요.

　우리는 모두 각자의 길을 걷고 있지만, 그 과정에서 비슷한 고민들을 해요. 여러분이 지금 무엇을 고민하고 있든, 그 고민을 해결할 수 있는 지혜는 이미 여러분 안에 있어요.

　이 책에 실은 명언들은 그 지혜를 다시금 떠올리게 해주는 도구일 뿐이에요. 내가 얼마나 소중한 사람인지, 내 안에 어떤 가능성이 있는지, 그리고 그 가능성을 믿는 것이야말로 여러분을 앞으로 나아가게 한다는 것을 확인하게 할 것입니다.

왜 명언을 필사하면 좋을까요?

손으로 명언을 적어보는 것은 단순한 행동 같지만, 아주 큰 힘을 가지고 있어요. 명언을 필사할 때마다 우리는 그 말에 담긴 힘을 온전히 내 것으로 만들 수 있거든요. 그리고 그 힘은 여러분이 앞으로 맞이할 수많은 도전 앞에서 빛을 발할 거예요.

여러분이 이 책을 읽으며 한 문장씩 적어 내려가는 동안, 그 문장이 여러분의 마음속에서 더 단단해지기를 바랍니다. 작은 노력이 모여 큰 변화를 만들어요. 매일 한 문장의 명언을 적어보세요. 그러면 여러분 안에 있는 힘이 더 커지고 단단해지는 것을 느낄 수 있을 거예요.

필사하는 동안, 그 말들과 함께 나는 어떤 사람이 되고 싶은지, 나의 미래는 어떤 모습일지 고민해 보는 시간도 갖기를 바랍니다. 그 과정에서, 지금의 나도 충분히 잘해왔다는 걸 인정하게 될 거예요.

＊ ＊ ＊

이 책이 여러분이 걸어가는 길에 작은 위로와 응원이 되기를 바랍니다. 명언을 통해, 그리고 이 책을 통해 여러분이 자신의 힘을 발견하고, 더 멀리 나아갈 수 있기를 진심으로 응원합니다.

여러분은 이미 충분히 소중하고, 앞으로 더 빛날 존재라는 걸 잊지 말아요.

이 책은 이렇게 구성했어요

여러분에게 꼭 주고 싶은
자신감, 도전, 노력 등에 관한
명언 60가지를 선정했어요.

마음에 새기며 필사하는
공간입니다.

"'나는 할 수 있다'라고 믿는 순간, 성공은 이미 시작된다."

명언이 나온 배경과
의미를 설명했어요.

명언에 관한 저자의
주고 싶은 말을 담았어요.

왜 《하루 5분 명언 필사》가 좋을까요?

공부하기 전에 5분의 시간을 내어 읽고 필사하세요.
필사와 함께 단단해지는 나를 느낄 수 있을 거예요.

- 집중력을 키울 수 있습니다.

- 마음의 안정을 줍니다.

- 용기가 생깁니다.

- 창의적인 영감을 받을 수 있습니다.

- 생각이나 감정을 정리할 수 있습니다.

- 어휘력을 늘릴 수 있습니다.

contents

1장 → 믿음과 존중

내 안의 가능성을 믿을 때, 나는 그 누구보다 강해져

2장 역경에의 도전 〇 **바람을 맞으며 나는 더 높이 날아올라**

3장 실패를 대하는 태도 〇 **넘어질 때마다 더 강하게 일어나는 법을 배워**

4장 ─ 노력의 결실 ─ **매일 조금씩 더 나아가는 내가 자랑스러워**

5장 자신감, 자존감 **내가 스스로 빛나야 세상도 나를 빛나게 해 줄 거야**

믿음과 존중

내 안의 가능성을 믿을 때,
나는 그 누구보다
강해져

어떤 길을 걷고 있든지,
스스로를 믿고 존중하는 방법을 배우기 바래요.
우리는 모두 각자의 방식으로 특별한 존재란 걸, 잘 알고 있죠?
자신에 대한 믿음을 키우는 것이
인생에 얼마나 중요한지를 이야기하고 싶습니다.

여러분의 인생 여정은 여러분만의 것이에요.
자신을 믿고 존중하는 마음이
그 여정을 더욱 빛나게 할 거예요.

믿음은
모든 가능성의 시작

할 수 있다고 믿어라.

그러면 너는 이미 반쯤 성공한 것이다.

믿음은 모든 가능성의 시작이다.

-시어도어 루스벨트

● 루스벨트는 미국의 26대 대통령으로, 다양한 어려움을 극복하며 국가를 이 끌었습니다. 그는 젊은 시절 몸이 약했지만, 자신의 한계를 극복하기 위해 끊임없이 노력했습니다. 그의 삶은 강한 의지와 긍정적인 신념을 바탕으로 한 도전과 성공의 연속이었습니다. 이 과정에서 그는 성공에서 가장 중요한 것은 믿음임을 깨달았습니다.

> "'나는 할 수 있다'라고 믿는 순간, 성공은 이미 시작된다."

"나는 해낼 수 있어"라고 자신을 믿으면

더 열심히 노력하게 되고,

결국 좋은 결과를 얻을 가능성도 커지죠.

이런 긍정적인 믿음은 단순히 마음에서 끝나지 않아요.

실제로 행동을 이끌고, 결국 좋은 결과를 가져옵니다.

무엇을 하든 먼저 "나는 잘할 수 있어"라고 말하며 시작해 보세요.

이것이 좋은 결과의 출발점입니다.

너 자신이

돼라

스스로를 믿어라.

너 자신이 누구인지를 알라.

너의 강점과 약점을 인정하고, 자신을 받아들여라.

다른 사람의 기대에 맞추려 하지 말고,

너 자신이 돼라.

-스티브 잡스

◖◗

스티브 잡스는 애플을 창립하고 제품을 개발하는 과정에서, 자신을 믿고 남의 기대에 휘둘리지 않는 삶을 살았습니다. 자신의 비전을 고수하며 창의적 도전을 두려워하지 않았죠. 그 결과로 아이폰, 아이패드 같은 혁신 제품을 세상에 내놓았습니다. 그는 자신의 강점과 약점을 인식하고, 자신만의 방식으로 일하며 성공을 이루었습니다.

"다른 사람의 기대에 맞추려 하지 말고, 너 자신의 길을 걸어."

무엇보다 중요한 건 여러분 스스로를 믿는 거예요.

자신의 강점과 약점을 받아들이고 인정하세요.

다른 사람의 기대에 맞추려고 애쓰지 말고,

있는 그대로의 여러분을 받아들이세요.

도형에는 여러 가지 모양이 있잖아요?

사람도 여러 다른 모양이 있답니다.

각자 자신의 모양을 사랑하고 존중하며 자신만의 길을 걸어갈 때,

세상은 더 활기차고 빛나게 될 거예요.

스스로의 선택을
믿는다는 것

모든 선택에는 책임이 따르지만,

그 선택이 너를 만들기도 해.

때로는 실수하고, 때로는 잘못된 길을 가겠지만,

그게 너를 더 강하게 만들 거야.

실수를 두려워하지 마.

–드라마 〈이상한 변호사 우영우〉에서

● 우영우는 자폐 스펙트럼을 가진 변호사로, 자신만의 독특한 시각과 방식으로
법정에서 문제를 해결해 나가죠. 하지만 그 과정에서 다양한 선택의 기로에
서고, 때로는 실수를 하거나 예상치 못한 결과를 맞이하기도 합니다. 이 대사
는 그녀가 자신의 선택에 책임을 지면서도 실수를 두려워하지 않고, 그 실수
가 자신을 더 단단하게 만든다는 것을 깨닫는 과정에서 나온 것입니다.

"실수를 두려워하지 마.

실수는 더 나은 선택을 위한 소중한 경험이야."

우리는 살아가면서 실수를 하거나 예상치 못한 길로

가게 될 때도 있겠지요.

그때 이렇게 선택할 걸, 하고 후회해 본 경험도 있죠?

그 후회 덕분에 그다음 선택이 더 현명해짐을 느낀 적도 있을 겁니다.

맞아요, 중요한 것은 실수하지 않는 것이 아니라,

스스로의 선택을 믿고 자신의 길을 걸어가는 것입니다.

실패하면 어때요! 그 실패가 여러분의 소중한 경험이 될 것입니다.

자신을
의심하지 마세요

자신을 사랑하라.

자신을 용서하라.

자신이 무엇이든 할 수 있다고 믿어라.

자신을 의심하지 마라.

-오드리 햅번

○●

햅번은 성공적인 배우였지만, 전쟁과 고난 속에서 무너져내린 자존감과 내면의 평화를 찾는 과정을 겪었습니다. 그녀는 외적인 아름다움뿐만 아니라 내면의 강인함과 자기 사랑을 통해 진정한 행복과 성취를 이룰 수 있다고 믿었습니다. 또한 다른 사람의 기대에 휘둘리기보다 스스로를 믿고 의심하지 않는 것이 중요하다고 강조했습니다.

"비교가 아닌 나에 대한 믿음이 나를 더 멀리 더 높이 이끌어."

시험에서 원하는 결과가 나오지 않거나
친구들과의 관계에서 힘들 때,
너무 자신을 탓하지 않았으면 좋겠어요.
이런 경험은 지극히 자연스러운 것이니까요.
이런 어려움 속에서도 스스로를 사랑하고,
자신의 실수를 용서하는 법을 배운다면, 더 큰 성장을 할 수 있어요.
주변 친구들과 나를 비교하기보다는
나를 믿고 나의 속도와 방식으로 나아가면 된답니다.

내일은 내일의 해가
떠오릅니다

내일은 새로운 날입니다.
오늘의 어려움이 아무리 크더라도
내일은 다시 시작할 수 있는 기회가 주어집니다.
희망을 잃지 마세요.

-영화 〈바람과 함께 사라지다〉에서

이 글귀는 영화 속 주인공 스칼렛 오하라의 희망과 끈기를 상징하는 대사입니다. 스칼렛은 남북전쟁으로 모든 것을 잃고 절망적인 상황에 처하지만, 내일은 새로운 시작이라는 믿음으로 다시 일어설 힘을 찾습니다. 이는 인생에서 실패나 고난을 겪더라도 새롭게 시작할 수 있는 기회가 항상 있다는 희망을 나타내며, 많은 관객에게 용기를 불어넣어 주었습니다.

지금 어떤 어려움으로 힘든 시간을 보내고 있나요?

시간이 지나면 해결된다는 걸 믿어보세요.

인생은 늘 변화하고, 힘든 순간도 결국은 지나간답니다.

오늘의 고비를 넘기면 새로운 기회와 함께 다시 도전할 힘이 생깁니다.

살아보니 인생은 내가 희망을 가지고

한 걸음씩 나아가면 결국 내 편이더라고요.

어려운 일이 닥치면 긴 호흡으로 숨 한번 가다듬고

한 걸음 내딛어보아요.

하나의 문이 닫히면
또 다른 문이 열립니다

모든 문이 닫힌 줄 알았지만,

그 덕분에 내가 스스로

새로운 문을 여는 법을 배웠어.

-저자

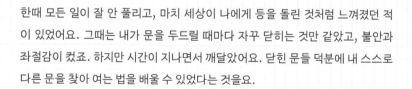

한때 모든 일이 잘 안 풀리고, 마치 세상이 나에게 등을 돌린 것처럼 느껴졌던 적이 있었어요. 그때는 내가 문을 두드릴 때마다 자꾸 닫히는 것만 같았고, 불안과 좌절감이 컸죠. 하지만 시간이 지나면서 깨달았어요. 닫힌 문들 덕분에 내 스스로 다른 문을 찾아 여는 법을 배울 수 있었다는 것을요.

"하나의 문이 닫히는 순간, 새로운 가능성이 열린다."

여러분도 이런 닫힌 문을 만나는 순간들이 있을 거예요.

하지만 좌절하지 말고, 스스로 새로운 가능성을

찾아가는 법을 배워보세요.

하나의 문이 닫히면 또 다른 문이 열린다는 것을 믿으세요.

문이 닫혀 있다고 생각될 때가,

사실은 여러분의 잠재력을 키울 수 있는

최고의 순간일 수도 있다는 것을 기억해요.

DAY
7

진심으로
친구를 대하고 있나요

사람들의 관심을 얻기 위해 노력하는 2년보다
사람들에게 진정한 관심을 보이는 두 달 동안
더 많은 친구를 만들 수 있다.

-데일 카네기

● 카네기는 《인간관계론》에서 "성공적인 관계를 맺기 위해서는 자신이 관심을 받으려는 것보다, 타인에게 진정한 관심을 보여주는 것이 더 효과적"이라고 말했습니다. 인간관계는 타인에 대한 공감과 배려에서 시작된다고 본 것이죠. 이 글귀는 진정한 관심이야말로 성공적인 인간관계의 열쇠임을 강조하는 카네기의 철학을 담고 있습니다.

> **"함께한 시간이 아니라, 함께한 진심이 관계를 깊게 한다."**

사람들의 관심을 끌기 위해 애쓰는 것보다,

진심으로 그들에게 다가가 관심을 기울이는 것이 더 중요해요.

친구를 사귈 때도 마찬가지예요.

외적인 모습 등으로 관심을 끄는 것보다,

친구의 이야기를 경청하고 공감하면 더 깊은 관계를 만들 수 있어요.

함께하는 시간이 중요한 것이 아니라,

얼마나 진심으로 그 친구와 함께했느냐가

중요하다는 걸 꼭 기억하세요.

작은 것이 큰 변화를

만들어냅니다

때때로 가장 작은 것들이

가장 큰 변화를 만들어내지.

−영화 〈호빗: 다섯 군대 전투〉에서

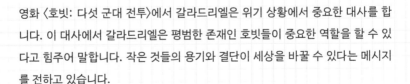

영화 〈호빗: 다섯 군대 전투〉에서 갈라드리엘은 위기 상황에서 중요한 대사를 합니다. 이 대사에서 갈라드리엘은 평범한 존재인 호빗들이 중요한 역할을 할 수 있다고 힘주어 말합니다. 작은 것들의 용기와 결단이 세상을 바꿀 수 있다는 메시지를 전하고 있습니다.

"작은 행동 하나가 큰 변화를 만들어낸다."

인생이라는 게임에서 때때로

내가 너무 작고 연약해 보일 때가 있죠.

하지만 긴 인생에서 나를 만드는 것은 거대한 힘이나 계획이 아닙니다.

오히려 대부분의 우리 삶은 작은 선택,

작은 행동들이 쌓여 만들어지죠.

내가 오늘 친구에게 한 말 한마디, 아침에 먹은 밥 한 그릇,

짧은 독서, 이런 작은 행동들이 쌓여

여러분만의 이야기가 만들어진다는 것을 꼭 기억하기 바랍니다.

충분한 준비보다,
지금 바로 작은 시작

작은 시작이 큰 변화를 만듭니다.
지금 시작하세요!

-애플 슬로건

1976년, 스티브 잡스와 스티브 워즈니악은 작은 차고에서 애플 I이라는 개인용 컴퓨터를 만들기 시작했습니다. 그들은 단순히 컴퓨터를 조립하는 것이 아니라, 기술을 통해 세상을 변화시키려는 꿈이 있었습니다. 당시 그들의 아이디어는 혁신적이었지만, 이처럼 시작은 미약했습니다. 충분한 준비를 기다리지 않고 작은 걸음을 시작한 것이지요.

"완벽한 계획보다 지금의 작은 실천이 더 큰 변화를 만든다."

지금 여러분의 목표나 계획이 너무 커 멀게 느껴지지는 않나요?

그렇다면 작은 한 걸음부터 시작하세요.

인생의 모든 변화는 작은 행동에서 시작된답니다.

하루 10분 독서가 여러분을 넓은 세상으로 안내할 거예요.

건강해지고 싶다면 하루 10분 운동부터 시작하세요.

작은 변화는 결국 습관이 되고,

그 습관이 여러분의 미래를 만듭니다.

꿈을 이루기 위해서는
먼저 꿈을 꿔야 합니다

꿈을 이루기 위해서는

먼저 꿈을 꿔야 합니다.

– 앤드류 카네기

앤드류 카네기는 미국에서 가장 성공한 사업가 중 한 명입니다. 어느 날 저녁, 카네기는 그의 집에서 젊은 사업가들과 만났습니다. 그들은 모두 카네기의 성공 비결을 알고 싶어 했습니다. 카네기는 잠시 생각에 잠겼습니다. 그는 가난한 이민자 가정에서 태어나 부를 일군 자신의 여정을 떠올렸습니다. 그리고 이렇게 말했습니다. "꿈을 이루기 위해서는 먼저 꿈을 꿔야 합니다."

_____

_____

_____

_____

_____

"꿈은 나를 깨우는 불씨이자, 내 인생 항로의 나침반이다."

꿈이 있나요? 있다면 어떤 꿈이 있나요?

꿈은 단순한 공상이 아니랍니다.

꿈은 나의 목표이자 동기입니다.

그 목표는 나를 열정적으로 움직이게 할 거예요.

아직 내 꿈이 뭔지 모르겠는 친구들은

먼저 자신을 알아가는 것부터 해야 해요.

내가 잘하는 것, 흥미를 느끼는 것,

그리고 내가 가치를 두는 것이 무엇인지 깊이 생각해 보세요.

인생의 그림을
완성해 나간다는 것

진로 선택은
네 인생의 그림을 그려 나가는 거야.
가고 싶은 길을 찾아 나아가며,
나만의 색으로 그림을 완성해 보자.

-저자

● 학교에서 진로를 적어내라고 할 때 부담이 되었던 경험이 많지요? 아직까지
  너무 막막한데, 숙제처럼 진로를 결정하라고 하니 많이 답답했을 것 같다는
  생각이 듭니다.

"진로 선택은 나의 속도로, 나의 방식으로."

진로를 결정할 때 모든 걸 한 번에 확정할 필요는 없어요.

작고 다양한 경험들을 하나씩 쌓으며,

천천히 자신만의 방향을 찾아가면 돼요.

마치 빈 캔버스에 그림을 그릴 때 하나씩 색을 더해 가는 것처럼요.

나만의 속도로, 나만의 방식으로 인생의 그림을 완성해 나가는 거죠.

여러분의 캔버스에 멋진 한 폭의 꿈이 담길 수 있도록

늘 응원할게요!!

생각, 말, 행동의

차이

아이디어만 떠올리는 사람은 준비만 하고,

말로만 떠드는 사람은 꿈만 꾸며,

행동하는 사람만이 꿈을 현실로 만든다.

-저자

생각, 말, 행동의 차이를 잘 보여주는 글귀입니다.

생각만 하는 사람은 시작점에 서 있기만 하는 사람이죠.

말만 하는 사람은 행동이 없으니 아무런 결실도 얻을 수 없어요.

행동하는 사람만이 꿈을 현실로 만들 수 있는 유일한 사람입니다.

"꿈을 현실로 만드는 것은 지금의 행동이다."

행동은 구체적인 변화와 성과를 낳습니다.

그 과정에서 실수나 실패가 있을 수도 있지만,

진정한 성장은 생각과 말이 아니라 행동을 통해 이루어집니다.

자신이 진정 원하는 것을 이룰 수 있는 사람은

말과 생각에 그치지 않고 행동으로

이어가는 사람이라는 걸 잊지 마세요!

2장

역경에의 도전

바람을 맞으며
나는 더 높이 날아올라

바람이 거세질수록 연은 더 높이 날아올라요.
인생의 역경도 마찬가지예요.
우리 앞을 가로막는 것처럼 보이지만,
사실은 더 멀리 나는 데 꼭 필요한 바람 같은 겁니다.

바람을 피하려 하지 말고, 그 힘을 이용해 보세요.
흔들려가며 우리는 더 단단해지고, 더 높이 오를 거예요.
역경은 우리를 더 강하게 만들어주는 선물입니다.

인생은 기다려주지 않아,
지금 당장 시작해

인생은 기다려주는 법이 없어.

지금 당장 시작해.

준비가 완벽하지 않아도 괜찮아.

시도하는 그 자체로 큰 의미가 있어.

-방송인 유재석

유재석은 무려 9년 동안 무명으로 고생하며, 수많은 오디션에서 떨어졌어요. 그러나 포기하지 않고 시도했어요. 그는 완벽한 준비가 아니라도, 시도 자체에 큰 의미가 있다고 믿었거든요. 이 글귀는 도전을 망설이는 이들에게 지금 당장 시작하는 것이 얼마나 중요한지를 일깨워줍니다.

"시도하지 않으면 어떤 것도 이룰 수 없다."

여러분도 '할까 말까' 고민한 적이 있나요?

저도 처음 책 쓰기에 도전했을 때

준비가 완벽하지 않았지만 바로 시작했어요.

첫 문장을 쓰기도 어려웠지만, 막상 해 보니 글이 써졌어요.

물론 그 과정 자체가 쉽지는 않았지만,

시도하고 나아가면서 성장하는 경험도 얻었답니다.

하고 싶은 것이 있나요? 지금 당장 시작해 보세요.

중요한 것은 한 걸음을 내딛는 거예요.

꿈을 향해

나아가세요

꿈은 우리의 열정을 불러일으킵니다.
그 열정이 우리를 앞으로 나아가게 하고,
우리의 꿈을 이루는 원동력이 됩니다.

-마하트마 간디

간디는 인도 독립을 위해 평화적인 방법으로 저항하며, 자신의 꿈인 자유롭고 평등한 사회를 이루기 위해 노력했습니다. 그는 꿈은 단순한 희망을 넘어 행동을 촉구하고, 그 과정에서 열정이 필수적이라고 믿었습니다. 간디의 열정은 많은 사람에게 영감을 주었고, 결국 인도는 독립을 이루게 되었습니다.

"꿈은 너의 열정을 깨우고, 열정은 행동을 이끈다."

여러분의 꿈은 삶의 중요한 출발점이에요.

힘든 순간이 오더라도 그 꿈이 여러분을

앞으로 나아가게 할 것입니다.

실수나 실패는 자연스러운 과정이니 너무 두려워하지 마세요.

중요한 것은 포기하지 않는 꾸준한 열정입니다.

여러분의 꿈이 열정을 일으키고,

열정이 여러분을 행동하게 할 거예요.

자신을 믿고 열정적으로 꿈을 향해 나아가세요.

대부분의 두려움은
머릿속에만 있어요

세상은 네가 겁낼 가치가 없단다.
네가 두려워하는 건
대부분 네 머릿속에서 만들어낸 것일 뿐이야.
모든 걸 내려놓고 세상을 향해 나아가 봐.

-영화 〈라푼젤〉에서

● 영화 〈라푼젤〉에서 주인공 라푼젤은 평생을 탑 안에 갇혀 살며 세상을 두려
워하도록 교육받았습니다. 그녀의 양어머니인 마녀 고델은 탑 바깥은 위험하
다며 라푼젤을 탑 안에 머물게 했죠. 그러나 라푼젤은 호기심으로 세상을 향
한 갈망을 품고 있었고, 결국 탈출에 성공합니다. 그녀는 자신이 두려워했던
것들이 대부분 실제가 아니라, 마음속에서 만들어진 것임을 깨닫습니다.

"두려움 대부분은 마음속에서 만들어진 것이다."

대부분의 두려움은 머릿속에서 만들어진 것일 뿐,

막상 해 보면 생각보다 덜 어렵고 새로운 기회도 생긴답니다.

두려움은 연습과 이해가 부족해서인 경우가 많습니다.

좀 더 연습하고 이해하면 두려움은 사라질 것입니다.

두려움에 머무르지 말고, 자신 있게 한 걸음씩 나아가세요.

여러분은 훨씬 더 강하고 능력 있는 사람입니다.

세상은 여러분의 용기를 기다리고 있답니다.

나의 판단을 흐리게 하는 것,
오만과 편견

편견과 오만은 우리의 판단을 흐리게 합니다.

우리는 열린 마음으로 사람들을 대하고

그들의 진정한 가치를 이해해야 합니다.

그것이 진정한 성숙입니다.

–소설 《오만과 편견》에서

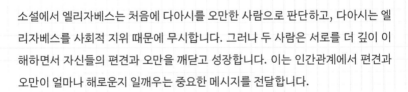

소설에서 엘리자베스는 처음에 다아시를 오만한 사람으로 판단하고, 다아시는 엘리자베스를 사회적 지위 때문에 무시합니다. 그러나 두 사람은 서로를 더 깊이 이해하면서 자신들의 편견과 오만을 깨닫고 성장합니다. 이는 인간관계에서 편견과 오만이 얼마나 해로운지 일깨우는 중요한 메시지를 전달합니다.

"편견은 이해를 가로막고 소통을 방해한다."

편견과 오만은 타인을 제대로 이해하지 못하게 합니다.
공부를 잘한다고 해서 모든 걸 잘할 것이라고 단정짓는 건
편견이에요. 한 번의 실수로 늘 실패할 것이라고
생각하는 것도 오만한 판단이고요.
이런 선입견은 관계를 방해하고
상대방의 진정한 가치를 가리게 합니다.
서로의 다름을 존중하고 이해하려 할 때,
더 깊은 우정이 만들어지고 나 자신도 성장할 수 있답니다.

어려움에 맞서는
선택을 하겠어요

세상은 고통으로 가득하지만
그것을 극복하는 사람들로도 가득하다.

-헬렌 켈러

● 헬렌 켈러는 생후 19개월 때 열병으로 시력과 청력을 모두 잃었습니다. 어린
헬렌은 깊은 어둠 속에서 고립되어 좌절했지만, 그 좌절에서 일어나 자신만
의 길을 걸었습니다. 이 글귀는 그녀의 삶을 완벽하게 요약하는 문장입니다.
그녀의 삶은 어떤 어려움도 극복할 수 있다는 희망의 메시지를 전해 주고 있
습니다.

50

> **"어려움을 피할 것인가, 어려움에 맞설 것인가?"**

나에게만 어려움이 가득할까요?

누구에게든 고난은 있기 마련이죠. 세상은 어려움으로 가득해요.

하지만 이것을 아는 것만으로는 충분하지 않습니다.

고통에 갇힐 것인가, 아니면 그 고통을 극복하기 위해

나설 것인가를 선택해야 하거든요.

여러분은 어떤 선택을 하고 싶은가요.

저는 어려움에 맞서는 선택을 하겠어요.

세상에는 고통에 맞서는 사람들로 가득하답니다.

어제와 다른

내가 되는 법

어제와 똑같은 삶을 살면서

다른 미래를 기대할 수는 없습니다.

-맬컴

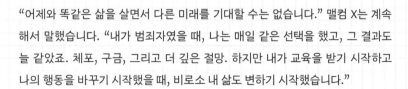

"어제와 똑같은 삶을 살면서 다른 미래를 기대할 수는 없습니다." 맬컴 X는 계속해서 말했습니다. "내가 범죄자였을 때, 나는 매일 같은 선택을 했고, 그 결과도 늘 같았죠. 체포, 구금, 그리고 더 깊은 절망. 하지만 내가 교육을 받기 시작하고 나의 행동을 바꾸기 시작했을 때, 비로소 내 삶도 변하기 시작했습니다."

"달라지고 싶다면, 행동을 바꿔야 한다."

어제와 다른 내가 되고 싶은가요? 저번 학기와 다른 성적표를
받고 싶나요? 그렇다면 나의 행동을 바꿔야 해요.
매일 1%만 더 나아지겠다는 마음으로 시작해 보세요.
이런 작은 실천이 쌓이면 1년 후엔 37배 더 나은 나를 만날 겁니다.
(수학적으로 증명된 사실이니 믿으세요!) '아침 10분 책 읽기',
'오늘 단어 열 개 외우기' 같은 작은 것부터 시작하세요.
중요한 건 매일 꾸준히 하는 겁니다.
꾸준함이야말로 진정한 슈퍼 파워니까요.

세상은 내가 아는 만큼만
보입니다

우리가 이해하는 만큼 세상을 볼 수 있고,

이해의 폭이 넓어질수록

더 많은 것을 볼 수 있게 됩니다.

－알버트 아인슈타인

● 이 글은 아인슈타인이 물리학과 학생들 앞에서 한 말입니다. 아인슈타인의
이 말은 많은 이들에게 영감을 주었습니다. 그의 메시지는 단순히 과학에 국
한되지 않고, 삶의 모든 영역에서 지속적인 학습과 이해의 중요성을 일깨워
주고 있습니다.

"더 큰 세상을 만나고 싶다면, 더 넓게 배워라."

세상은 우리가 아는 만큼만 보입니다.

마치 안경을 쓴 것처럼, 지식과 경험이 그 렌즈를 결정하죠.

만약 더 선명하고 넓은 세상을 보고 싶다면,

배움을 통해 렌즈를 바꿔야 합니다.

배움이 좁다면 그만큼 볼 수 있는 세상이 좁아집니다.

그러니 지금 하는 공부는 단순한 지식의 습득이 아니라

미래를 보는 창을 넓히는 과정이라 생각하세요.

여러분이 아는 만큼 세상이 커집니다.

가장 강력한 무기는
'왜?'라는 질문

가장 중요한 질문은 '왜?'이다.

모든 발견은 이 질문에서 시작된다.

우리는 궁금증을 통해 새로운 지식과 이해를 얻는다.

-카를 세이건

한 강연에서 카를 세이건이 한 이 말은 호기심의 중요성을 알려줍니다. 이 강연에서 세이건은 자신의 어린 시절을 회상하며 "왜 하늘은 파란색일까? 왜 별들은 반짝일까? 이런 질문들이 결국 저를 천문학자의 길로 이끌었죠."라고 말합니다. 그는 "궁금증은 우리를 새로운 지식과 이해로 이끄는 원동력"이라고 말합니다.

"'왜?'를 묻는 순간, 진짜 배움이 시작된다."

가장 강력한 무기는 '왜?'라는 질문입니다.

그냥 받아들이는 것이 아니라,

끊임없이 이유를 묻는 사람이 진짜 실력을 키웁니다.

단순히 암기하려 하지 말고,

"왜 이런 결과가 나왔을까?",

"왜 이 개념이 중요하지?"라고 물으세요.

'왜?'라는 질문이 여러분의 공부를 더 강력하게 만듭니다.

지식의 깊이는 질문에서 시작한다는 것을 잊지 마세요.

책은 세상을 보는
창입니다

책은 세상을 보는 창입니다.
책을 읽는다는 건,
다른 사람의 삶을 경험하고 여행하는 거예요.
그 여행이 여러분을 더욱 넓은
세상으로 이끌어 줍니다.

-저자

독서는 단순히 지식을 쌓는 것에 그치지 않고, 우리가 한 번도 경험해 보지 못한 다른 사람들의 인생을 간접적으로 체험하게 해 줍니다. 책을 통해 우리는 전혀 다른 시대와 장소, 그리고 다양한 사람들의 관점을 경험할 수 있어요.

"책 속에서 더 넓은 세상을 발견하고, 더 깊은 나를 만난다."

책은 마치 창문처럼 새로운 세상과 우리를 연결하는 역할을 해요.

창문을 통해 밖을 바라보듯, 책을 통해 더 넓고

깊은 세상을 볼 수 있는 거죠.

그 경험들이 쌓이면 우리가 살아가는 세상을

더 넓게 이해할 수 있게 되고,

세상에 대한 시각도 더욱 풍부해진답니다.

독서는 우리를 더 넓은 세상으로 인도하며,

동시에 내면도 깊게 만들어 주는 도구라는 것을 기억해 주세요.

내가 공부하는
이유

공부는 단지 성적을 위한 것이 아니야.

네가 배운 지식이 네 삶의 방향을 정해 주고,

더 넓은 세상을 이해하게 해 줄 거야.

배움은 너의 미래를 위한 준비야.

-저자

이 글귀는 공부의 진정한 목적은 성적이 아닌, 성장과 발전이라고 말합니다. 대부분의 학생이 성적을 목표로 공부하지만, 공부는 그 이상의 가치를 가지고 있습니다. 배움은 더 넓은 세상을 이해하고, 새로운 시각을 갖게 하며, 삶의 방향을 설정하는 데 중요한 역할을 합니다.

"지금의 배움이 나의 길을 밝혀주는 등불이 될 거야."

"공부는 왜 해야 해?"

"방정식이 세상 사는 데 도움이 될 것 같지도 않은데…."

이런 생각을 해 본 적 있죠? 맞아요.

수학 시간에 배운 방정식이 인생에 꼭 필요하지 않을 수도 있어요.

하지만 이런 배움들이 하나하나 모이고 연결되어 여러분의 인생을

엮어간다는 이야기를 꼭 해 주고 싶어요.

공부가 인생의 전부는 아니지만, 멋진 미래를 위해 꼭 필요하답니다.

여러분! 우리의 멋진 미래를 생각하며 지금 이 과정을 즐겨 봐요!!

DAY
23

어려운 부분에
매달리지 말아야 하는 이유

시험공부할 때,

어려운 부분에 너무 매달리지 마.

우선 할 수 있는 것부터 처리해 나가.

나중에 다시 돌아와서 보면,

어려운 부분도 더 쉽게 느껴질 거야.

-저자

● 이 글귀는 공부할 때 어려운 부분에 집착하지 않고, 할 수 있는 것부터 해결하
는 전략적 접근을 강조합니다. 막히는 문제에 너무 매달리는 것은 학습 효율
을 떨어뜨립니다. 우선 할 수 있는 것을 해결하다 보면, 기초가 다져지고 자신
감도 생겨 어려웠던 문제를 쉽게 해결할 수도 있습니다. 학습은 단계적인 과
정이므로, 과도한 부담을 피하면서 효율적으로 공부하는 것이 중요합니다.

"어려운 문제를 만나면 한 호흡 쉬는 것도 도움이 돼."

공부할 때, 너무 어려운 부분에만 매달려서
스트레스 받지 않았으면 해요.
어려운 문제를 잠시 미뤄두고, 시간이 지난 후 다시 보면
훨씬 이해가 잘 되는 경험이 있죠?
기초를 다진 후에 어려운 문제를 다시 시도하면 더 쉽게 풀리곤 하죠.
중요한 것은 할 수 있는 부분을 먼저 해결하며 자신감을 쌓고,
점진적으로 어려운 부분에 도전하는
균형 잡힌 학습법을 실천하는 겁니다.

교과서 공부는
시험공부의 출발점이자 끝

교과서 공부는

시험공부의 출발점이자 끝입니다.

모든 시험 문제는

결국 교과서 내용을 기반으로 합니다.

−저자

교과서 공부가 시험의 출발점이자 끝이라는 의미는, 시험 문제의 대부분이 교과서에 기반하여 출제된다는 것을 의미합니다. 교과서에는 기본 개념과 원리가 담겨 있으며, 이를 완벽히 이해하면 어렵게 느껴지는 문제들도 자연스럽게 해결할 수 있어요. 응용문제나 심화문제도 결국 교과서에 있는 기본 개념에서 확장된 경우가 대부분입니다.

"교과서 공부는 기본을 탄탄히 하는 공부다."

교과서를 여러 번 반복해서 읽고, 개념을 확실히 이해하면
시험에서도 자신 있게 문제를 풀 수 있게 됩니다.
학교 시험뿐만 아니라, 나중에 치르게 될 다양한 평가에서도
교과서 공부가 기본이 된다는 것을 잊지 않았으면 해요.
교과서를 기본서로 삼아 충실히 공부하고,
그 내용을 잘 활용하여 모든 시험에서
좋은 결과를 얻을 수 있길 바래요.

3장

실패를 대하는 태도

넘어질 때마다
더 강하게 일어나는 법을 배워

실패? 그건 그냥 '다음에 더 잘할 기회'랍니다.
넘어졌다고? 오케이, 그럼 일어나서 다시 뛰면 되는 거죠.
게임에서 한 번 죽었다고 끝이 아니잖아요.
인생에서 실패는 '리셋' 버튼 같은 거예요.

넘어졌을 때 '이번엔 어떻게 더 멋지게 일어날까?'를 생각해 보세요.
계속 일어나는 사람이 결국 승리하는 법이니까요.
실패는 성공으로 가는 스텝일 뿐입니다.

여러분은 지금 이대로
충분히 소중합니다

저는 수많은 실수를 저질렀고
많은 단점과 두려움도 가졌어요.
하지만 제가 할 수 있는 만큼 저 자신을 북돋고 있어요.
조금씩 스스로를 사랑하고 있어요.

−BTS

● 이 글귀는 방탄소년단(BTS)의 리더 RM(김남준)이 2018년 유엔 총회에서
했던 연설 중 일부입니다. BTS는 음악을 통해 전 세계 팬들에게 큰 영향을
미치는 글로벌 K-pop 그룹입니다. BTS 멤버들은 데뷔 초기에 많은 어려움
을 겪었고, 단점과 부족함을 자주 느꼈다고 해요. 그러나 그들은 포기하지
않고, 오히려 그 실패와 두려움을 통해 자신들을 더 북돋우며 조금씩 나아
갔습니다.

> **"여러분은 지금 그대로 충분히 멋지답니다."**

우리는 실수할 수 있고, 단점도 있고 두려움을 가질 때도 있을 거예요.

하지만 그것은 누구에게나 자연스러운 일이에요.

중요한 건 그런데도 스스로를 믿고,

자신을 사랑하는 마음을 조금씩 키우는 거죠.

실수는 배움의 기회일 뿐, 여러분의 가치를 낮추지 않아요.

자신이 할 수 있는 만큼 자신을 지지하고 응원해 주세요. BTS처럼요!!

여러분은 그 자체로 충분히 소중하고 사랑받을

자격이 있는 존재랍니다.

DAY
26

한계는
네가 정하는 거야

한계는 네가 정하는 거야.

스스로 한계를 두지 않으면, 더 멀리 갈 수 있어.

가능성은 네가 믿는 만큼 열려 있어.

−영화 〈아이언맨〉에서

영화 〈아이언맨〉에서 주인공 토니 스타크는 천재적인 발명가이자 억만장자입니다. 그는 납치당한 후, 자신을 되돌아보며 아이언맨 슈트를 개발하죠. 이 슈트를 통해 그는 단순한 사업가에서 세계를 구하는 영웅으로 거듭납니다. 그 과정에서 토니는 스스로를 재발견하고 성장하죠. "한계는 네가 정하는 거야"는 그가 자신을 믿고 도전하며 한계를 뛰어넘는 모습을 잘 보여 주는 대사입니다.

_____

_____

_____

_____

_____

"조금 어려운 순간일 뿐인데, 쉽게 한계라 말하지는 않는가?"

어려움을 만난다면 스스로 한계를 정하고
그 속에 갇히기가 쉽습니다.
하지만 그 한계를 넘어서야 앞으로 나아갈 수 있어요.
어려움을 만나는 그 순간이 여러분이 한 단계 성장할 수 있는
기회의 순간이라는 것을 알아야 합니다.
나는 한계를 넘어설 수 있다는 믿음을 가져 보세요.
그 믿음이 여러분을 한 단계 더 업그레이드시켜 줄 거예요.
여러분은 할 수 있습니다.

단점에 매달려
시간을 낭비하지 말아요

자신의 단점을 너무 신경 쓰지 마.
너의 장점에 집중하면 돼.
완벽해지려고 애쓰지 말고,
네가 가진 좋은 점들을 더 키워나가.

-방송인 이영자

● 과거에 이영자는 체중 등의 외모 콤플렉스로 많은 어려움을 겪었어요. 이 때문에 그녀는 오랫동안 슬럼프에 빠지기도 했지요. 그러나 그녀는 단점에 매달리기보다는 자신이 잘하는 부분에 집중하는 것이 중요하다는 것을 깨닫고, 이를 통해 대중에게 사랑받는 존재가 되었습니다. 이런 경험을 바탕으로, 그녀는 자신을 있는 그대로 받아들이는 것이 중요하다는 조언을 전합니다.

"단점에 갇히지 말고, 장점으로 세상을 열어."

누구나 장점도 있고 단점도 있어요.

또 어떻게 보느냐에 따라서 단점이 장점이 되기도 합니다.

살다 보면 내가 생각하는 단점이 다른 사람에게는

단점으로 보이지 않기도 하고요.

또 시간이 지나면 단점이라 생각했던 것이 어느새

해결되어 있는 경우도 있답니다.

이런 단점에 매달려서 자신을 위축시키고 시간을 낭비할 필요가

있을까요? 자신이 잘하는 것에 더 집중해 보세요.

실패는 어떻게
다른 기회로 연결될까

실패할 용기가 없다면, 넌 절대 성공할 수 없어.

실패는 성장의 필수 과정이야.

두려움 없는 도전이

너를 더 강하게 만들 거야.

–영화 〈스파이더맨: 뉴 유니버스〉에서

영화 〈스파이더맨〉에서 피터 B. 파커는 좌절을 겪은 후 다시 일어나는 인물입니다. 그는 한때 영웅으로서 완벽했지만, 여러 번의 실패를 겪으며 자신감을 잃고 방황합니다. 그러나 영화 내내 마일스 모랄레스를 비롯한 다른 스파이더맨들을 만나면서, 실패가 성장의 중요한 과정임을 깨닫습니다. 실패는 끝이 아닙니다. 실패는 성공으로 가는 디딤돌입니다.

"넘어진 곳에서 다시 일어서는 순간, 성공은 가까워진다."

실패는 우리 모두가 겪는 과정이에요.

선생님도 중요한 시험에 떨어진 적이 있어요.

하지만 그 경험이 나를 더 강하게 만들었다고 생각해요.

다시 공부하면서 이전에 놓쳤던 부분을 이해하게 되었고,

결국 더 좋은 결과를 얻었거든요.

실패를 받아들이고 더 나아간다면,

결국 꿈에 가까워질 수 있어요.

실패는 또 다른 기회로 연결되어 있다는 것을 잊지 마세요.

실패가 지금의 성공을
방해하게 두지 마세요

공부할 때는 과거에 얽매이지 마.

과거의 실패가 지금의 성공을 방해하게 두지 마.

지금 이 순간에 집중하며 공부해.

-저자

이 글귀는 과거의 실패에 얽매이지 않고 현재에 집중하는 것이 중요하다는 메시지를 담고 있습니다. 실패 때문에 좌절하거나 자신감을 잃을 수 있지만, 이런 감정을 지속하는 것은 학습에 부정적인 영향을 미칩니다. 과거의 결과에 매여 있으면, 지금 이 순간에 집중할 수 없습니다. 과거는 이미 지나갔고, 여러분이 마주하고 있는 현재의 이 순간이 중요합니다.

"실수를 통해 배우면, 실력은 두 배로 늘어난다."

틀린 문제가 있다면 왜 틀렸는지를 살펴보고
반복해서 풀어보는 것이 중요합니다.
실수를 교정하고 앞으로 나아가는 것이 성공 학습의 핵심이죠.
여러분이 해야 할 일은 그 실수에서 무엇을 배울 수 있을지 생각하고,
자신의 약점을 보완하는 것입니다.
틀린 문제를 오히려 고맙게 생각해야 해요.
지금 내가 무엇을 모르는지를 알려 주고 있으니까요.

반복적인 실패가
내가 성공한 이유입니다

나는 내 경력 동안 9,000번 이상의 슛을 놓쳤고,

거의 300번의 경기를 패배했으며,

26번의 경기에서 결정적인 슛을 실패했습니다.

나는 반복적으로 실패했습니다.

그리고 이것이 내가 성공한 이유입니다.

－농구 선수 마이클 조던

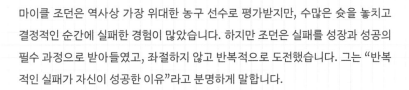

마이클 조던은 역사상 가장 위대한 농구 선수로 평가받지만, 수많은 슛을 놓치고 결정적인 순간에 실패한 경험이 많았습니다. 하지만 조던은 실패를 성장과 성공의 필수 과정으로 받아들였고, 좌절하지 않고 반복적으로 도전했습니다. 그는 "반복적인 실패가 자신이 성공한 이유"라고 분명하게 말합니다.

"실패는 성공의 반대가 아닌, 성공의 일부다."

"반복적인 실패가 성공한 이유"라고 말하는

마이클 조던이 참 멋지네요.

실패하지 않는 사람이 있을까요?

중요한 것은 그 실패를 통해 무엇을 배웠냐는 거지요.

그 배운 걸 가지고 다시 도전하는 거죠.

실패하고 배우고 도전하는 과정을 쌓으면서

우리는 앞으로 나아가는 겁니다.

실패는 여러분을 더 강하고 지혜롭게 만들어 줍니다.

실수는
성장의 기회

작은 실수에 너무 신경 쓰지 마.

그게 너의 인생을 결정짓는 건 아니야.

실수는 성장의 과정일 뿐,

중요한 건 포기하지 않는 거야.

-방송인 박명수

이 글귀는 작은 실수에 너무 집착하지 말고, 이를 성장의 과정으로 받아들이라는 메시지를 담고 있습니다. 오랜 방송 생활을 하면서 다양한 실수를 하지만, 그것이 그의 인생이나 경력을 결정짓는 것은 아니었다는 것이죠. 그는 실수는 자연스러운 과정의 한 부분일 뿐이며, 중요한 것은 그것에 좌절하지 않고 포기하지 않는 태도라고 말합니다.

"실수는 잘못이 아니라, 더 잘하는 방법을 찾는 과정이다."

우리 모두는 크고 작은 실수를 하면서 성장해요.
중요한 건 실수에 너무 얽매이지 않고 무언가를 배우는 것이죠.
그냥 실수의 상황만 되새기며 스스로를 위축시키지 말고,
다음에 그 상황이 오면 어떻게 해야겠다는 성장의 언어를
마음에 심는 것이 필요합니다.
실수를 성장의 기회로 해석할 수 있다면
여러분은 분명 조금씩 멋있어지는 자신을 발견할 거예요.

할 수 없는 것 말고,

할 수 있는 것에 집중하세요

할 수 없는 것이

당신이 할 수 있는 것을

방해하지 않도록 하십시오.

– 존 우든

이 대사는 3점 슛이 약하다고 좌절하는 빌에게 코치 우든이 한 말입니다. 우든 코치는 계속 말합니다. "네가 3점 슛을 잘 못한다고 훌륭한 선수가 될 수 없는 건 아니야. 넌 빠른 속도와 뛰어난 패스 능력을 가지고 있어. 그 장점에 집중하고 발전시키면 팀에 큰 도움이 될 거야." 빌은 천천히 고개를 끄덕이며, 자신의 장점을 생각해 보기 시작합니다.

"내 강점을 믿고 집중하면, 평범함도 특별함으로 바뀔 수 있어."

스티브 잡스는 프로그래밍에 뛰어나지 않았지만,
디자인과 사용자 경험에 탁월한 감각이 있었죠.
이런 강점에 집중하여 그는 애플이라는 혁신적인 기업을 만들었어요.
NBA 농구선수 데니스 로드먼은 공격력은 약했지만,
그가 잘하는 리바운드와 수비에 집중하여 전설적인 선수가 됐습니다.
여러분은 무엇을 잘하나요?
할 수 없는 것에 집착하지 말고, 할 수 있는 것에 집중하세요.
그것이 바로 성공의 비결입니다.

쓴맛도, 단맛도 모두
필요하답니다

엄마는 항상 그러셨어.
"인생은 초콜릿 상자와 같단다.
네가 어떤 걸 얻게 될지 아무도 모르는 거야."
때로는 달콤한 초콜릿을 얻을 수도 있고,
때로는 쓰거나 예상치 못한 맛을 경험하게 될지도 몰라.
하지만 중요한 건, 그 모든 경험이 결국 너를 성장시키고,
더 나은 사람이 되게 한다는 거야.

-영화 〈포레스트 검프〉에서

● 영화 〈포레스트 검프〉에서 포레스트 검프의 어머니는 인생을 예측할 수 없는
초콜릿 상자에 비유합니다. 달콤한 순간도 있지만, 때로는 예상치 못한 어려
움이나 고통스러운 순간도 마주하게 된다는 거죠. 그러나 이러한 모든 경험
이 중요한 이유는, 그것들이 결국 개인을 성장시키고 더 나은 사람으로 만들
어 주기 때문입니다.

"경험의 폭이 넓어질수록, 나의 세상도 함께 넓어진다."

인생을 살다 보면 달콤한 순간도 있지만,

예상치 못한 어려움에 처할 때도 있어요.

여러분의 인생은 그 누구의 것도 아닌 오롯이 여러분의 것입니다.

그 안에서 일어나는 좋은 경험 그리고 마음 아픈 경험

또한 자기만의 것이죠.

이런 경험들이 개성 있는 나를 만들고 성장하게 합니다.

그래서 다양한 경험이 중요합니다.

성장을 위해서는 쓴맛도, 단맛도 필요하다는 것을 잊지 마세요.

불리해도

끝까지 해내는 용기

용기는 싸우기 전에 이길 가능성이

없다는 것을 알면서도 시작하는 것입니다.

그래도 끝까지 해내는 것입니다.

스스로를 믿고 당신의 내면에 숨겨진 힘과

잠재력을 찾아내세요.

−영화 〈오즈의 마법사〉에서

영화에 나오는 사자, 허수아비, 양철나무꾼은 각각 용기, 지혜, 마음이 부족하다고 생각하지만, 결국 그들은 이미 자신들 안에 이런 자질이 있음을 깨닫습니다. 이과정에서 용기란 싸우기 전에 이길 가능성이 없어 보여도 포기하지 않고 도전하는마음이라는 것을 배웁니다. 포기하지 않는 도전을 통해 내면에 숨겨진 힘과 잠재력을 발견할 수 있었던 것이지요.

"진정한 용기는 결과를 떠나 자신을 믿고 도전하는 거야."

여러분은 아무리 공부해도 성적이 오를 것 같지 않아
아예 포기하고 싶은 마음이 들 때는 없었나요?
이처럼 이길 가능성이 없어 보여도
끝까지 해내는 것이 진정한 용기예요.
공부한 만큼 성과가 바로 나오지 않더라도,
그 과정에서 조금씩 실력이 쌓이는 걸 믿어야 해요.
실제로도 그렇고요. 그 과정에서 자신의 가능성을 발견하고
더 큰 성장을 이룰 수 있어요.

설명할 수 없다면
나의 지식이 아니다

세상에는 두 가지의 지식이 존재하는데,
하나는 내가 말로 설명할 수 없는 지식이고
또 다른 하나는 내가 말로 설명할 수 있는 지식이다.
내가 설명할 수 있는 지식만이 진짜 나의 지식이다.

–심리학자 김경일

● 김경일 교수는 "알고 있다고 착각하는 것과 실제로 설명할 수 있는 것의 차
이"를 강조해요. 알고 있다고 느끼지만 이를 명확히 설명하지 못하면, 그 지
식은 불완전한 것이라고 합니다. 그는 내가 아는 것과 모르는 것을 구분할 줄
알아야 하고, 모르는 것을 공부했다면 그것을 설명할 수 있어야 진짜 나의 지
식이라 말합니다.

"말로 표현할 수 있을 때 지식은 비로소 나의 것이 된다."

공부한 내용을 내가 알고 있나 확인해 본 적이 있나요?
공부한 것을 친구나 가족 혹은 곰돌이 인형에게 설명해 보세요.
만약 설명하다가 막히거나 어려움을 느낀다면,
그 부분은 다시 복습하고 채워야 할 지식이라는 신호입니다.
이런 설명공부법으로 그 내용을 온전히 내 것으로 만든다면
공부 자신감이 생길 거예요.

여행은 나를
질문하게 합니다

여행은 단지 멀리 떠나는 것이 아니라

마음의 문을 열게 합니다.

그래서 여행은 여러분의 인생에 대해

더 많은 질문을 던지게 하죠.

-저자

여행은 익숙한 곳에서 벗어나 낯선 장소와 사람들을 만나게 하죠. 또 평소에 생각하지 못했던 나에 대한 질문을 던지게도 합니다. '나는 무엇을 좋아하지?', '어떤 사람이 되고 싶을까?' 이런 질문들은 꿈을 찾아가는 긴 여정에서, 여러분에게 작은 힌트가 되어 줄 겁니다.

"여행은 나 자신을 새로운 시각으로 바라보게 한다."

여행 중에 꼭 혼자만의 시간을 가져 보라고 권하고 싶어요.

파도를 바라보며 또는 초록 숲을 스치는 바람을 느끼며,

마음을 온전히 들여다보는 연습을 해 보세요.

내가 누구인지, 무엇을 원하는지

내면의 목소리를 듣는 경험을 꼭 해 보길 바래요.

여러분의 자아를 탐색하는 소중한 시간이 될 거예요.

4장

노력의 결실

매일 조금씩 더 나아가는
내가 자랑스러워

대단한 변화? 그런 거 없어요.
매일 1mm씩 나아가는 게 엄청나다는 걸 알아야 해요.
어제의 나보다 오늘의 내가 조금이라도 더 나아졌다면,
그건 이미 승리예요.
매일 조금씩 쌓은 노력이 결국 빛을 발한답니다.

자신에게 '와, 오늘도 해냈어!'라고 말해 주세요.
그게 진짜 자랑스러운 순간이거든요.

휴식과 수면은
기억을 강화하는 시간

적절한 휴식도 공부의 일부이다.

충분한 휴식과 수면이 학습효율을 높인다.

휴식은 학습의 중요한 부분이다.

-저자

● 휴식과 수면은 뇌가 배운 내용을 정리하고 기억을 강화하는 데 중요한 역할
을 합니다. 공부 중에 짧은 휴식을 취하면 집중력이 향상되고, 더 효율적인
학습이 가능합니다. 충분한 수면은 기억을 장기 저장소로 옮기는 데 도움을
주며, 피로를 줄여 학습 동기와 효율성을 높여 줍니다. 따라서 적절한 휴식과
수면은 학습의 질을 높이는 필수 요소입니다.

"충분한 수면은 공부의 중요한 요소이다."

여러분, 공부 중에 잠시 멈추고 휴식을 취하는 것은

아주 중요한 일이에요.

적절한 휴식은 여러분의 머리와 마음을 기운 나게 하는

소중한 시간입니다.

피곤할 때는 과감하게 쉬는 것이 공부에 더 도움이 됩니다.

잠을 줄이지 말고 충분히 자야 합니다.

그래야 내일 더 힘차게 달릴 수 있어요.

휴식과 수면은 공부의 일부니까요!

마음속으로
연습을 하세요

마음속으로 미리 어떤 일들을

완벽하게 해내는 연습을 하며 시간을 보내라.

크게 성공한 사람들은

이미 다들 그렇게 하고 있다.

-앤드류 매튜스

이 조언은 '긍정적 시각화'라는 심리학 개념을 기반으로 한 것입니다. 이는 목표나 성공적인 순간을 마음속으로 미리 상상하고, 그 과정을 반복하여 그려 보면서 현실에서 더 잘 해낼 수 있도록 준비하는 방법이에요. 이 연습은 두려움과 불안을 덜어 주고, 실제 상황에서 더 차분하고 능숙하게 행동할 수 있게 도와줍니다.

"마음속 연습은 실제 연습과 같다."

시험공부를 하고 있나요?

그렇다면 그냥 하지 말고 정확한 목표 점수를 정하고,

그 점수를 받았을 때 나의 기분을 상상하며 공부해 보세요.

이런 연습이 자신감을 높이고 불안을 줄여 줄 거예요.

결국에는 여러분이 원하는 점수를 얻게 할 것입니다.

시험은 단지 지식만의 싸움이 아니라,

마음의 준비도 중요하다는 거 잊지 마세요.

다른 사람의 말에
귀를 기울여라

사람들이 자신을 좋아해 주길 원하고,
그들과 진정한 친구로 발전하고 싶다면
반드시 이 원칙을 기억해야 해.

'다른 사람의 말에 진심으로 귀를 기울여라.'

-데일 카네기

● 카네기는 성공적인 인간관계를 맺기 위해서는 상대방의 말을 진심으로 들어
주는 것이 필수라고 강조합니다. 진심 어린 경청은 상대방에게 신뢰와 호감을
주며, 진정한 우정을 쌓는 데 중요한 역할을 합니다. 그래서 카네기는 경청이
야말로 사람과의 좋은 관계를 위한 핵심 태도라고 말한 것입니다.

"경청은 상대의 마음을 이해하는 첫걸음이다."

친구를 사귀고 싶다면, 먼저 상대의 마음을 이해하려는

노력이 필요해요.

사람들은 자신을 존중하고,

공감하는 사람에게 마음을 열기 마련이죠.

또한 누구나 자기 이야기를 잘 들어주는 사람을 신뢰합니다.

대화할 때, 상대의 마음을 헤아리며 함께하면

더 깊은 관계를 만들어나갈 수 있어요.

잊지 마세요. 공감과 이해는 진정한 우정을 키우는 열쇠라는 사실을.

왜 공부는

마라톤과 같을까

공부는 마라톤과 같아.

짧게 끝나는 것이 아니니, 꾸준히 나아가야 해.

포기하지 않고 달리는 자만이

결승선에 도착할 수 있어.

-저자

공부는 마라톤과 같아 긴 시간을 두고 꾸준히 나아가는 것이 중요하다는 메시지를 담고 있는 글입니다. 공부와 마라톤 모두 끝까지 인내하는 이들에게만 성취가 주어진다는 점에서, 이 글귀는 학생들이 가슴에 꼭 새겨두어야 합니다. 성급하게 성과를 기대하기보다는, 인내심을 가지고 꾸준히 공부하는 태도의 중요성을 일깨워 줍니다.

"자기 속도로 끝까지 달린 사람만이 결승선에 도달할 수 있어."

누구나 출발점에 섰을 때의 각오와는 달리
중간에 멈추고 싶을 때가 있을 거예요.
그때 우리 꼭 기억하기로 해요!
그때는 멈추지 말고 천천히
자기의 호흡을 조절하며 걸어가 보는 거로.
성적이 빨리 오르지 않더라도 조급하게 생각하지 말고,
끝까지 해낼 나 자신을 믿고 자신의 페이스에 맞추어 완주해 보아요.
결승점의 만세를 상상하면서요.

성공적인 시험 결과를
원하나요?

성공적인 학습은 반복에서 온다.

한 번에 모든 것을 이해하려 하지 마.

반복하면서 점차 깊이 이해하게 될 거야.

반복 학습이야말로 진정한 학습의 열쇠야.

-저자

● 이 글귀는 '학습의 본질은 반복에 있다'는 교육 철학을 반영합니다. 한 번에
　모든 것을 이해하기는 어려워요. 여러 번 반복하면 이해가 점차 깊어져요. 반
　복은 기억을 강화하고, 개념을 더 확고하게 만들며, 장기적으로 성공적인 학
　습으로 이끕니다. 반복 학습은 학습의 진정한 열쇠입니다.

"반복 학습은 학습의 진정한 열쇠다."

성공적인 시험 결과를 원하나요?

그렇다면 한 번에 완벽하게 이해하려고 하지 말고,

반복하면서 조금씩 익숙해지는 게 좋아요.

먼저 주요 개념을 정리한 후, 꾸준히 복습하세요.

처음에는 이해가 완벽하지 않아도, 반복하면서 점점 더 명확해질 거예요.

특히 서술형 문제는 이해한 내용을 내 말로 설명하는

연습이 도움이 됩니다.

작은 노력이 쌓여 좋은 결과를 만들어 낸답니다.

한 번이라도 최선을 다해 본

경험이 있나요?

작은 일에도 최선을 다하는

너의 모습이 정말 멋져.

꾸준히 노력하는 너는

이미 성공을 향해 가고 있어.

-헨리 포드

미국의 자동차왕 헨리 포드의 이 글귀는 성실함과 꾸준한 노력의 가치를 강조한 그의 철학을 잘 보여 줍니다. 그는 작은 부분까지 세심하게 신경 쓰며 혁신을 이루어냈지요. 그의 유명한 생산라인 혁신도 작은 개선에서부터 시작된 것입니다. 포드는 매 순간 최선을 다하는 것이 성공의 열쇠라고 믿었으며, 그 과정에서 지속적인 노력의 중요성을 강조했습니다.

"성공의 열쇠는 작은 노력을 쌓아가는 것이다."

내게 주어진 일에 최선을 다해 본 경험이 있나요?

작은 일에 최선을 다하는 순간순간이 모여

여러분의 내일이 만들어진답니다.

꾸준히 계속 나아가고 있다면,

여러분은 이미 성공으로 가는 길 위에 있는 거예요.

지금 하고 있는 작은 노력이 여러분의 미래를 밝게 비추죠.

노력하는 자세를 계속 지켜나가면,

어느새 목표에 도달해 있을 거예요.

공부량이 많으면
잘게 나누세요

공부할 양이 많다고 겁먹지 마.
계획을 세우고, 하나씩 실천해 나가면 돼.
작은 목표들을 이루다 보면
어느새 큰 성취가 따라올 거야.

-저자

● 공부할 양이 많을 때 압박감을 느끼지만, 이를 해결하는 방법은 체계적인 계
획을 세우고, 하나씩 실천해 나가는 것입니다. 큰 목표를 작게 나누어 실천
하면 결국 목표에 닿습니다. 이는 단기적인 성취가 장기적인 성공으로 이어
지는 원리를 반영하며, 좌절하지 않고 꾸준히 나아가는 태도의 중요성을 강
조합니다.

"큰 목표를 작은 목표로 나누어라.
그래도 부담스러우면 더 작게 나누어라."

공부할 양이 많으면 누구나 부담을 느껴요.

하지만 겁먹기보다는 작은 단위로 나누어 해 보면 훨씬 수월해요.

조금씩이라도 꾸준히 실천하는 게 중요하죠.

중간에 계획이 틀어진다면? 계획을 수정하여 나아가면 돼요.

작은 성취들이 쌓이면 큰 목표도 자연스럽게 달성할 수 있답니다.

현실적인 계획과 꾸준함이 여러분 성장의

밑거름이 된다는 거 잊지 마세요!

DAY
44

나는 시간을
어떻게 사용하고 있는가

시간은 소중한 자원입니다.

우리는 그것을 낭비하지 않고,

진정으로 가치 있는 일에 사용해야 합니다.

시간을 어떻게 사용하는가에 따라

우리의 인생이 결정됩니다.

–소설 《모모》에서

모모는 시간 도둑들 때문에 사람들이 소중한 시간을 빼앗기는 세상에서 살아갑니다. 시간 도둑들은 시간을 절약하라고 하지만, 그럴수록 사람들은 기계적이고 비인간적인 삶을 사는 데 시간을 씁니다. 모모는 사람들에게 시간을 효율적으로 사용하는 것보다 더 중요한 것은, 진정 가치 있는 일에 써야 한다는 것을 깨닫게 합니다.

"내 시간의 가치에 대해 생각해 본 적이 있는가?"

시험 기간에 벼락치기를 하다 보면,
'미리 준비했으면 좋았을 텐데' 하는 생각이 들 때가 있죠.
그러나 그 시간은 이미 지나가 버렸습니다.
똑같이 주어지는 365일 24시간, 시간의 주인이 되어야 합니다.
지금 당장 하루 계획을 세워 실행해 보세요.
하루하루가 쌓여 여러분의 인생이 완성된답니다.

짧은 시간 동안
집중하는 연습

집중해서 30분을 공부하는 것이,
집중하지 않고 3시간 공부하는 것보다 더 나아.
시간보다 중요한 건 얼마나 몰입하느냐야.
짧은 시간 동안에도 깊이 있게 공부하는 습관을 길러 봐.

-저자

● 많은 학생이 공부 시간을 길게 확보하는 것에만 초점을 맞추지만, 중요한 것
은 공부의 양이 아니라 공부의 질입니다. 이 글귀는 짧은 시간 동안 집중하여
학습하는 것이, 오랜 시간 산만한 공부보다 훨씬 효과적이라는 메시지를 담
고 있습니다. 효율적인 공부 습관을 기르는 것이 학습 성공의 열쇠입니다.

"30분의 몰입이 3시간의 산만함을 이긴다."

3시간을 산만하게 공부하는 것보다,

30분 동안 집중해서 공부하는 게 훨씬 효과적이죠.

집중하지 않으면 진도도 더디고, 나중에 기억도 잘 안 나요.

반면에 짧은 시간이라도 몰입하면, 더 많은 내용을 이해할 수 있어요.

짧은 시간이라도 집중하는 연습을 하세요.

30분이 어렵다면 "15분만 집중하겠어"라고 말하고 해 보세요.

몰입하는 습관이 결국 성공으로 이어집니다.

내 선택이 내가 누구인지를
보여 줍니다

우리의 선택이

우리가 누구인지를 보여 주는 거야.

우리의 능력보다 훨씬 더.

-영화 〈해리포터와 비밀의 방〉에서

해리포터는 비밀의 방에서 전투 후 덤블도어 교수의 사무실에 있습니다. 피곤한 표정의 해리에게 덤블도어는 "우리의 선택이 우리가 누구인지를 보여 주는 거야, 우리의 능력보다 훨씬 더."라고 말합니다. 해리는 이 말을 듣고 깊은 생각에 잠기고, 앞으로의 선택에 신중해지기로 결심합니다. 또 이 말은 해리가 자신의 힘을 두려워하지 않도록 격려합니다.

"오늘의 내 모습은 내가 내린 선택의 결과이다."

인생은 거대한 퍼즐과 같아요.

작은 선택들이 모여 삶을 완성하죠. 완벽한 건 없어요.

어떤 선택을 해야 할지 고민이 될 때는

'내가 어떤 사람이 되고 싶은가?'를 먼저 생각해 보세요.

물론 항상 옳은 선택을 할 수는 없어요.

중요한 건 이런 선택들이 여러분을 더 나은 방향으로

이끈다는 것입니다.

매일 조금 더 나은 선택을 해 보려고 애쓰는 것이 중요하답니다.

내 행동이
내가 누구인지를 말해 줍니다

우리가 누구인지는
우리의 행동으로 정의돼.

-영화 〈배트맨 비긴즈〉에서

● 이 글귀는 영화 〈배트맨 비긴즈〉에서 브루스(배트맨)가 삶의 방향에 대해 고
  민하고 있을 때, 레이첼의 대사입니다. 레이첼은 브루스가 과거의 상처와 복
  수심에 사로잡혀 있는 모습을 보며 그를 걱정합니다. 그녀는 그가 진정한 자
  신을 찾지 못하고 있다는 것을 느끼고, 그에게 진정한 행동이 무엇인지 깨닫
  도록 돕고자 합니다.

"내가 무엇을 말하든, 결국 내가 한 행동이 나를 증명한다."

내가 누구인지는 내가 '무엇을 말하는지'가 아니라,

'무엇을 하는지'가 보여 줍니다.

나의 선택과 행동이 내가 누구인지를 말해 주죠.

마찬가지로 친구가 어떤 사람인지 알려면,

그 친구가 한 말이 아니라 그 친구가 한 행동을 살펴 보아야 해요.

오늘 내가 한 공부, 먹은 것, 운동이

나를 만들고 내가 누구인지를 보여 준다는 것을 꼭 기억하세요.

한계의 순간은
성장할 기회의 순간

한계를 만난 건

성장할 기회의 순간을 만난 거야.

이제부터가 진짜 도전이고,

그 너머에 더 큰 성장이 기다리고 있어.

-저자

한계는 새로운 기술을 배우고, 새로운 능력을 얻을 기회를 줍니다. 진정한 강인함
은 바로 그 '한계'에서 시작되거든요. 그러니까 한계가 느껴질 때 포기하거나 좌절
하지 마세요. 처음엔 벅차 보이지만, 그 순간이 여러분이 진짜로 성장하는 순간이
랍니다.

"한계를 만나면 '어, 성장할 기회의 순간이네'라고 생각하라."

벽에 부딪혔다고? 좋았어!

이제 그 벽을 뛰어넘을 차례야.

마치 게임에서 마지막 단계의 보스를 만났을 때처럼 말이에요.

게임에서 가장 어려운 레벨에 도달했다고 생각해 보세요.

어려워도 멈추지 않고 계속해서 공략법을 찾으면,

결국 넘어서게 되잖아요?

한계의 순간은, 여러분 인생에서 가장 흥미진진한

장면이 될 수 있답니다.

5장

자신감, 자존감

내가 스스로 빛나야
세상도 나를
빛나게 해 줄 거야

내가 빛나야 세상도 나를 비춰 준답니다.
마치 어둠 속에서 별이 스스로 빛을 내고 반짝이듯,
자신감과 자존감을 잃지 않는다면
어둠 속에서도 여러분은 환하게 빛을 발할 거예요.
세상은 그 빛을 보고 자연스레 함께 반짝이겠죠.

세상을 빛내는 건 내 안에서 시작하는 작은 빛이랍니다.

다른 친구들에 비해
늦다고 느껴지나요?

지금은 작고 느린 발걸음일지라도,
꾸준히 걷다 보면 분명히 너만의 꽃이 피어날 거야.
성장은 한순간에 이루어지지 않아.
네가 걸어온 길에 자부심을 가져도 돼.

-작자 미상

● 자신은 성장이 느리고 친구들보다 뒤처진다고 생각하는 소년이 있었어요. 그때 할머니가 꽃씨를 주어 꽃을 심었어요. 소년은 물을 주고 정성껏 돌봤지만, 처음에는 별다른 변화가 없었습니다. 한참을 지나서야 싹이 트기 시작했고, 마침내 아름다운 꽃을 피웠답니다. 그 과정을 지켜보며 소년은 성장이 한순간에 이루어지는 것이 아님을 깨닫고, 자신도 꽃처럼 천천히 성장하고 있다는 믿음을 갖게 됩니다.

"느리게 가도 괜찮아. 중요한 건 내가 나아가고 있다는 사실이야."

혹시 지금 나의 걸음이 다른 친구들에 비해 늦다고 느껴지나요?

절대 조급하게 생각하지 말고 나의 호흡에 맞추어 걸어가세요.

다 자신만의 속도가 있답니다.

조급해 하지 말고, 자신의 속도에 맞춰 천천히 나아가면 돼요.

기억하세요.

자신이 걷고 있는 이 길이 얼마나 중요하고 소중한지를.

결국 그 길 위에서 여러분은 빛날 테니까요.

여러분은

그럴 자격이 있어요

자신을 사랑하고 자신을 존중하는 것이

자존감의 시작입니다.

다른 사람에게 어떻게 대우받기를 원하나요.

자신을 먼저 그렇게 대하세요.

–루이스 헤이

루이스 헤이는 긍정적인 사고와 자아 사랑을 통해 개인의 치유와 변화를 이끌어 내는 동기부여 강사입니다. 그녀는 어린 시절 학대와 고통을 겪었지만, 내면의 상처를 극복하고 자기 치유의 중요성을 깨달았습니다. 그녀는 여러 저서에서 이러한 철학을 바탕으로 많은 이들에게 마음의 치유와 자기 사랑의 중요성을 전했습니다.

"내가 나를 어떻게 대하느냐가, 세상이 나를 대하는 방식을 결정한다."

다른 사람이 여러분을 어떻게 대우하길 바라나요.
자신을 먼저 그렇게 대하세요. 누군가에게 인정받고 싶은가요?
그렇다면 먼저 스스로에게 인정과 칭찬을 아낌없이 주세요.
자신을 존중하는 마음이 커지면 자존감도 더 탄탄해지고,
힘든 상황에서도 흔들리지 않는 자신을 만들 수 있어요.
자기 자신을 사랑하는 것만큼 중요한 일은 없답니다.
여러분은 그럴 자격이 있어요.

너는
혼자가 아니야

언제나 너를 지지하는
누군가가 있다는 것을 기억해.
너는 혼자가 아니야.
힘들 때면 잠시 멈추어도 괜찮아.
다시 시작하면 돼.

-작자 미상

● 이 글귀는 어려움이나 고난을 겪을 때 자신이 고립되었다고 느끼지만, 사실
  그 곁에는 언제나 응원하고 지지해 주는 누군가가 있음을 상기시킵니다. 인생
  에서 고난은 자연스러운 과정이며, 그럴 때 잠시 멈추고 재정비하는 여유를
  허락하는 것 역시 중요하다는 것을 알려 줍니다.

> **"너의 걸음을 지켜보고 응원하는 이들이 있음을 잊지 마."**

삶에서 힘든 순간이 찾아올 때가 있어요.

그럴 때는 혼자서 모든 걸 해결해야 한다고 생각하지 않았으면 좋겠어요.

언제나 여러분을 응원하는 사람들,

가족이나 친구들이 곁에 있다는 걸 기억하세요.

그리고 힘겨울 때 잠시 멈추어도 괜찮아요.

멈추는 건 포기가 아니거든요.

오히려 더 나아가기 위한 준비 과정이죠.

천천히 다시 시작하면 된답니다.

자신감은
기회를 여는 열쇠

너 자신을 믿어라.

그러면 세상은 네 믿음에 반응할 것이다.

자신감은 문을 여는 열쇠다.

-랄프 왈도 에머슨

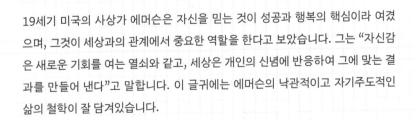

19세기 미국의 사상가 에머슨은 자신을 믿는 것이 성공과 행복의 핵심이라 여겼으며, 그것이 세상과의 관계에서 중요한 역할을 한다고 보았습니다. 그는 "자신감은 새로운 기회를 여는 열쇠와 같고, 세상은 개인의 신념에 반응하여 그에 맞는 결과를 만들어 낸다"고 말합니다. 이 글귀에는 에머슨의 낙관적이고 자기주도적인 삶의 철학이 잘 담겨있습니다.

"세상은 자신감을 가진 사람에게 더 많은 기회를 건넨다."

'내가 잘할 수 있을까'라는 의심이 드나요?
자신을 의심하고 주저한다면 어떤 문도 열리지 않아요.
의심을 거두고 스스로를 신뢰하며 한 발씩 나아간다면,
생각보다 많은 문이 열린다는 것을 경험할 거예요.
그 길 끝에는 원하는 목표가 기다리고 있겠죠.
그러니 주저하지 말고, 자신을 믿고 나아가세요.
아침에 일어나 거울을 보며 다정한 목소리로
"너는 할 수 있어"라고 들려 주세요.

넌 생각보다
더 강해

넌 네가 생각하는 것보다 더 강해.

-영화 〈곰돌이푸: 피그렛무비〉에서

100에이커 숲의 아침, 로빈과 친구들이 새로운 모험을 준비하고 있습니다. 하지만 작은 분홍색 돼지 피그렛은 불안해하며 "나는 못 갈 것 같아. 나는 너무 작고 약해. 모두에게 방해만 될 거야."라고 말하죠. 이때 로빈은 "넌 생각보다 더 강해."라고 말합니다. 로빈은 이어서 "네가 얼마나 용감하고 친구들을 위해 헌신적인지 기억나? 네 크기는 중요하지 않아. 중요한 건 네 마음이야."라고 격려합니다.

"네 안에는 네가 모르는 놀라운 힘이 숨어 있어."

삶에서 우리는 종종 피그렛처럼 느낍니다.

작고 약해 세상에 맞서기 힘들다고 생각하죠.

하지만 그런 순간에 용기를 내야 합니다.

그리고 자신에게 말해야 합니다.

"나는 내가 생각하는 것보다 훨씬 강하고,

세상에 필요한 존재야"라고 말이죠.

사람에게는 강한 면도 약한 면도 있어요. 누구나 마찬가지입니다.

그런 사람들이 모여 세상을 만들어 간다는 것을 알아야 합니다.

DAY
54

나에게

다정한 말을 건네세요

말은 사람이 가진

가장 강력한 무기다.

그것을 어떻게 사용하는가에 따라

인생이 바뀐다.

-윈스턴 처칠

윈스턴 처칠의 이 글귀는 말의 힘과 그 중요성을 강조합니다. 처칠은 영국의 총리
로서 제2차 세계대전 당시 강력한 연설과 말로 국민을 독려하고, 전쟁을 승리로
이끌었습니다. 그의 연설은 영국인에게 용기와 희망을 심어 주었고, 말의 힘이 상
황을 어떻게 변화시킬 수 있는지를 보여 주는 대표적인 사례입니다.

"말은 무기다. 잘 쓰면 기회가 되고, 잘못 쓰면 상처가 된다."

말의 힘은 정말 커요. 위로가 될 수도, 상처가 될 수도 있죠.
따뜻한 한마디 말이 친구의 하루를 밝게 만들 수도 있어요.
말을 할 때는 상대의 마음을 잘 헤아리는 것이 중요해요.
말은 서로를 연결해 주는 다리거든요.
그리고 정말 중요한 것! 나 자신에게도 다정한 말을 건네세요.
아침에 집을 나서기 전에 다정한 말로 힘을 주세요.
오늘 나에게 들려 준 말이 나의 세상을 만들어 간다는 것을 잊지 마세요.

한계의 순간이
바로 성장할 기회입니다

**인간의 힘은 한계가 있지만,
그 한계를 넘어서려는 노력 자체가
우리를 인간답게 만든다.**

–소설《모비딕》에서

● 이 구절은 인간의 한계를 넘어서기 위해 도전하고 성장하려는 의지를 나타
냅니다. 결국, 이러한 노력이 우리를 인간답게 만든다는 것이죠. 한계를 인
식하면서도 그것을 극복하려는 의지가 인간의 고유한 특성이라는 것을 강
조하는 말입니다. 이는 인간 존재의 가치와 삶의 목적을 성찰하는 데 중요한
메시지입니다.

"한계의 순간은 네가 얼마나 강한지 보여 줄 기회야."

누구나 한계에 부딪히는 순간이 있습니다.

여러분이 학업, 인간관계, 체력에서 벽에 부딪혔다고 느낀다면,

그 순간이 바로 성장할 기회입니다.

그 기회를 꽉 잡으세요. 내 앞에 있는 한계라는 벽이 너무 높다고

느껴지나요? 그렇다면 작은 실마리 하나를 찾아 넘어 보세요.

그러고 또 하나의 실마리를 찾아 넘어 보고요.

인류는 한 발 한 발 한계를 넘어서며

여기에 서 있다는 것을 잊지 말기 바랍니다.

어제보다

10분만 더

한 걸음 한 걸음 나아가는 것.

어떤 일을 하든지 목표달성에 이보다 더 뛰어난 방법은 없어.

나는 언제나 '최고가 된다'는 목표를 가지고 있었지.

하지만 무슨 일을 하든지 한 걸음씩 나아가기 위해

언제나 단기목표를 세웠어.

-마이클 조던

1978년, 레이니 고등학교 체육관. 마이클 조던은 농구팀 선발 결과를 보고 망연자실했습니다. 그의 이름이 명단에 없었습니다. "이게 끝이 아니야." 마이클은 그날부터 매일 새벽에 일어나 훈련을 했습니다. 그의 첫 목표는 간단했습니다. "오늘은 어제보다 10개의 슛을 더 성공시키자." 이후에도 마이클은 계속해서 작은 목표들을 세우며 자신을 발전시켰습니다.

"어제보다 딱 한 걸음만 더."

여러분의 목표는 무엇인가요.

그 목표를 이루기 위해 어떤 실천을 하고 있나요.

내가 할 수 있을 만큼 목표를 잘게 나누어야 합니다.

"천리 길도 한 걸음부터"라는 격언이 있습니다.

큰 꿈을 꾸되, 그 꿈을 이루기 위해 매일 작은 진전을

이루어 나가는 것.

이것이 바로 마이클 조던이 우리에게 전하는 메시지입니다.

다른 사람의 인생을
살지 마

우리가 가진 시간은 한정되어 있어.
그러니 다른 사람의 인생을 살지 마.

-영화 〈스티브 잡스〉에서

영화에서 스티브 잡스는 애플의 제품 발표회를 준비하고 있습니다. 이때 그의 친구 워즈니악이 다가와 잡스의 비전과 결정이 다른 사람에게 미치는 영향에 의문을 제기합니다. 잡스는 잠시 생각한 후 결연한 표정으로 "우리가 가진 시간은 한정되어 있어. 그러니 다른 사람의 인생을 살지 마"라고 말합니다.

"너만의 길을 걸을 때, 진정한 너의 가능성이 펼쳐진다."

여러분은 혹시 다른 사람의 기대에 얽매여 행동하고 있지는 않나요?
앞의 스티브 잡스의 말은 자신이 자기 인생의 주인공이
되어야 한다는 메시지를 담고 있어요.
그러기 위해서는 나를 잘 아는 것이 중요하고요.
평소에 나를 잘 관찰해 보세요.
내가 좋아하는 것, 내가 하고 싶은 것은 무엇인가요.
사소한 것이라도 내가 원하는 것을 선택할 수 있을 때,
다른 사람의 기대가 아닌 나의 인생을 살 수 있답니다.

다름을 인정하는

연습

스트레스는 내 생각이 옳다고

고집할 때 받는 겁니다.

다름을 인정하는 연습을 해 봐요.

−저자

스트레스는 보통 내가 옳다고 느낄 때 더 크게 다가와요. 때로는 친구와 의견이 다를 때 그 다름을 틀렸다고 여기게 되면 감정이 상하고 마음이 무거워질 수 있습니다. 하지만 친구가 나와 다른 생각을 가지고 있다는 점을 이해하고 인정하면 서로 더 깊이 소통할 수 있어요. 생각이 서로 다르다는 것은 매우 자연스러운 거예요.

"다름을 인정하면 더 많은 배움과 성장의 기회가 생겨."

세상에는 정말 다양한 생각과 관점이 있어요.
나와 다른 생각을 있는 그대로 인정할 때,
그만큼 나도 더 넓은 세상을 볼 수 있고 마음도 여유로워져요.
부모님이든 친구든 그들의 생각을 받아들이고 이해하려고 할 때,
스트레스가 줄어들 뿐 아니라 더 긍정적인 관계를 맺어갈 수 있어요.
다름을 피하지 말고, 오히려 그 다름을 배우고 성장하는
기회로 삼아 보세요.

질문을 던지는 순간,
배움은 레벨업한다

정답을 아는 건 시작일 뿐,
그 답이 왜 옳은지 파헤치는 게 진짜 게임이지.
질문을 던지는 순간,
배움은 레벨업한다!

-저자

● 정답을 맞히는 건 물론 중요해요. 그런데 진짜 중요한 건 '왜 이 답이 맞는 걸까?'라고 스스로 질문하는 겁니다. 단순히 공식을 외워 답을 맞히는 것과 문제의 원리를 이해하고 답을 찾는 것은 큰 차이가 있답니다. 답을 스스로 탐구하는 태도가 여러분을 더 크게 성장시켜 줄 거예요.

"답을 아는 것보다 중요한 건, 그 답을 향한 질문이다."

정답을 맞히는 것에 만족하지 말고
'왜?'라는 질문을 던져 보는 습관을 가져 보세요.
답이 어떻게 나왔는지 그 원리를 이해하면,
다른 유형의 문제에도 응용할 수 있는 능력이 생긴답니다.
이게 진짜 실력을 만드는 과정이죠.
여러분은 어떤 질문을 던지고 있나요?
"왜 이런 답이 나왔지?"라고 한번 질문을 던져 보세요.

진짜 마법사는
여러분이에요

미래를 만드는 도구는

기계가 아닌, 너의 상상력이다.

상상력이 한계를 넘을 때,

그곳에 새로운 가능성이 열린다.

-저자

○●

기계는 마치 연필과 종이 같아요. 연필은 스스로 멋진 그림을 그리지 못하죠. 여러분의 상상력만이 연필을 살아나게 해서 멋진 그림을 그릴 수 있게 한답니다. 아무리 고성능의 컴퓨터가 있어도, 여러분의 멋진 아이디어가 없다면 어떤 결과도 없습

"상상력은 미래를 미리 보는 창문이다.
그 창문을 통해 너의 가능성을 바라 보라."

로봇이 축구를 한다고 상상해 보세요.
로봇이 공을 차는 건 잘할 수 있지만, 전략을 짜고,
팀워크를 발휘하게 하는 건 바로 여러분의 머릿속에서 나옵니다.
마찬가지로 미래 세상을 만들어가는 힘은 여러분이 떠올리는
아이디어와 상상력이에요.
컴퓨터는 여러분 손에 쥔 도구일 뿐,
진짜 마법사는 여러분이라는 걸 기억하세요!

오늘 한 문장 오늘 한 걸음

2024년 11월 12일 초판 1쇄 발행
2025년 1월 10일 초판 3쇄 발행

지은이 | 조경이·정윤정
펴낸이 | 이병일
펴낸곳 | 더메이커
전 화 | 031-973-8302
팩 스 | 0504-178-8302
이메일 | tmakerpub@hanmail.net
등 록 | 제 2015-000148호(2015년 7월 15일)

ISBN | 979-11-87809-54-8 (43190)